Johann Laudenbach

Philostorgia Dei Aquilina

Göttliche Adlerstreu

Johann Laudenbach

Philostorgia Dei Aquilina
Göttliche Adlerstreu

ISBN/EAN: 9783743624214

Hergestellt in Europa, USA, Kanada, Australien, Japan

Cover: Foto ©Lupo / pixelio.de

Weitere Bücher finden Sie auf **www.hansebooks.com**

PHILOSTORGIA DEI AQUILINA: ODER GÖTTLICHE ADLERS-TREU, DIE ER DEN SEINEN DAMIT...

Johann Laudenbach

Göttliche
Denen Christ-
gläubigen
Zu Noth und Tod ü-
beraus wohl zu statten
kommende
Adlers-Treu.

PHILOSTORGIA DEI AQUILINA,

Oder/
Göttliche Adlers-Treu/
Die Er den Seinen damit erweiset/ daß Er Sie trägt/
wie ein Adler seine Jungen/
Aus
Esai. XLVI. versic. 4.
Bey
Christlicher und Volckreicher Leich-Bestattung
Der Weiland
Erbaren/ Viel Ehr- und Tugend-reichen
Frauen

Annen/

Deß Weiland
Wohl-Ehren-Vesten/ Vorachtbarn und Wohlweisen
Herrn
Tobiä Schattemanns/
deß Innern Raths allhier zu Schweinfurth
nunmehro Seligen Frau Wittib/
Welche Dienstags den 5. Februar. Nachts/bald nach 12. Uhren/
im Jahr Christi 1684. in dem 77. Jahr ihres Alters in ihrem Erlöser Christo
selig entschlaffen/ und darauf den 8. Febr. mit Christ-gewöhnlichen
Ceremonien in Ihr Ruhkämmerlein ist beygesetzet
worden;
In der Hospital-Kirchen zum Heiligen Geist einer Christ-
lichen Gemein vorgetragen/und auf Begehren zum
Druck ausgehändiget
von
M. Johanne Laudenbach/ Diacono daselbst.

Nürnberg/ druckts Johann Jonathan Felsecker/ 1684.

5

J. J. N. A.

Der GOTT alles Trostes/ der uns tröstet in allen unsern Trübsalen/ der walte auch für dißmahl über und sey mit uns zum seligen Trost/ Amen.

Elig sind die Todten / die in dem HErrn sterben von nun an. Ja der Geist spricht/ daß sie ruhen von ihrer Arbeit/ denn ihre Werck folgen ihnen nach. So lautet/ allerseits Geliebte und zum Theil Betrübte Zuhörer/ der drey güldenen Sprüchlein/ welche unsere selige Frau Schattemännin / die wir jetzund zu ihrem Ruh-Kämmerlein begleitet haben/ Ihr vor andern lieb seyn lassen/ und mit eigner Hand eins von denselben zu ihrem Leich-Text zu wehlen/ begehrt hat/ so lautet/ sag Ich/ derselben eins/ und ist zu lesen Apoc. 14.18. Ach freilich/ Selige Frau Mit-Schwester/ sind selig die Todten/ die im HErrn sterben von nun an. Ihre Seele erfähret / Ihr

A iij.   Geist.

Geist preiset solche Seligkeit mit höchster Verwunderung. Ihr ist jetzo gleichsam wie den Träumenden. Jetzt rühmet und saget Sie: Der HErr hat grosses an mir gethan/ deß bin Ich frölich/ aus Psal. 126. 1. 2. Nun ruhet Sie von aller ihrer Arbeit/ nun folgen ihr ihre Wercke nach/ nun geniesset Sie/ so viel ihre Seel betrifft/ derselben völligen Gnaden-Lohn. Wir unsers Orts/ die wir an Christum glauben/ sind zwar auch selig/ aber nur der Hoffnung.; Sie aber ist selig der würcklichen/ ja vollkommenen Niessung nach. Nun Ihr gönnen wir solche Ruhe und Seligkeit; Uns bereiten wir darzu/ dißmals also und dergestalt/ daß wir etwas aus GOttes heiligem und allein-seligmachendem Wort zu unserem Unterricht und Trost miteinander anhören und betrachten wollen. Wozu daß der Vatter unsers HErrn JEsu Christi/ in dem Namen und von wegen deß theuren Verdienstes seines lieben Sohns/ deß heiligen Geistes Gnade/ Krafft und Beystand uns verleihen wolle/ last uns denselben darum bitten und ersuchen durch ein glaubiges und andächtiges

Vatter Unser/ ꝛc.

Der begehrte Leich-Text stehet Esa. 46. v. 4. und lautet also:

Ja/ Ich will Euch tragen biß ins Alter/ und biß Ihr grau werdet.

werdet. **Ich will es thun / Ich will heben / und tragen / und erretten.**

KOmmet her zu mir alle / die Ihr mühselig und beladen seyd / Ich will euch erquicken. Süß Wort / Ihr meine allerseits Geliebte und zum Theil Betrübte Zuhörer / süsser / denn Honig und Honig-seim / welche der himmlische Chrysostomus und Gülden-Mund / Christus JEsus / aus seinem holdseligen Lippen triessen lassen bey Matthæo 11. v. 28. Es kommet mir aber in solchen Worten unser Höchst-wohl-verdienter HErr und Heyland nicht anders vor / als eine liebreiche Gluck-Henne / der Er sich selbst vergleicht Match. 23. 37: da Er sagt: Jerusalem / Jerusalem / wie offt hab Ich deine Kinder versammlen wollen / wie eine Henne versammlet ihre Küchlein. Denn wie eine solche Henne ihre Küchlein zu sich locket / und glucket / so locket auch der HERR JEsus zu sich die mühselig und beladen sind /. und glucket ihnen auffs allerbeweglichste für / wenn er sagt: Kommet her zu mir / 2c. Durch die mühselig und beladene verstehet der Heyland allermeist die / denen die Sünde Müh und Unruh machet / und die mit derselben / als mit einer schwehren Last und Bürde / beladen sind / die mit dem König David sagen mögten / ein jeder an seinem Ort: Meine Sünde gehen über mein Haupt / wie eine schwehre
Last.

Last ſind ſie mir zu ſchwehr worden/ auß Pſ. 38. 5. Dieſe
rufft Er zu ſich/ und ſagt: Kommet her zu mir. Solche
mühſelig und beladene Hertzen ſind gemeiniglich ſehr blöd.
Denn ihre Sünde ſchrecket ſie. Ihre Gebeine ſind erſchro-
cken/ ihre Seele iſt ſehr erſchrocken/ nach Pſal. 6. 3. 4. Sie
achten ſich nicht werth/ daß ſie Chriſto fürs Geſicht kommen ſollen. Das weis der liebe HErr/ darum ſpricht
er ihnen ſo freundlich zu/ und ſaget: δεῦτε, kommet doch
her. Ach ſeyd doch nicht ſo ſchüchtern/ kommt nur getroſt
und ke̅cklich her zu mir. Ihr Traurigen zu eurem Trö-
ſter und Freuden-Meiſter; Ihr Krancken zu eurem
Artzt; Ihr Schäflein zu eurem Hirten; Ihr Küchlein
zu eurer Hennen. Und damit nicht jemand meine/ er
ſey nicht gemeinet/ ſo ſpricht er nicht: Kommet her zu
mir/ die ihr mühſelig und beladen ſeyd/ ſondern: Kommet
her zu mir alle/ die ihr mühſelig und beladen ſeyd: wär
auch/ will Er ſagen/ die Laſt eures Hertzens/ die euch
drucket/ noch ſo ſchwehr; euer Gewiſſen noch ſo ſchüch-
tern und erſchrocken; und die Sünde/ die Urſach ſolches
Schreckens/ noch ſo groſſ/ oder auch derſelben noch ſo
viel. Kommet nur her zu mir/ ich will euch erquicken.
Ich will euch Troſt/ Rath/ Hülff und Ruhe ſchaffen.
Der Hirt locket das Schäflein zu ſich durch einen grünen
Zweig. Der Vatter das Kind mit einem rothen Apf-
fel oder Stücklein Zuckers; Die Henne das Küchlein
mit einem Körn- oder Würmlein; Der Heiland den
Sünder/ der mühſelig und beladen iſt/ mit dieſen Troſt-
und Verheiſſungs-Worten: Ich will euch erquicken.
Sein Evangelium von gnädiger Vergebung der Sünden erquicket und ſtärcket Leib und Seel/ Marck und Bein.
Die Sünde erſchrecket und erſticket gleichſam die Stimme

me Christi: Kommet her zu mir alle / die ihr mühselig
und beladen seyd / die erquicket das Hertz / da findet man
Ruhe für seine Seele. Auch diese jetzt kürtzlich und sum-
marisch erklärte Wort hätten mit guthem Consens und
Willen unserer seligen Frau Mitschwester zum Leich-
Text können genommen / und ferner ausgeführet werden;
Weil aber gleichwohl der verlesene Text in ihrem schrifft-
lichen Verzeichnus obenan gestanden / als habe Ich ihr
auch seiner Ober-Stelle nicht entsetzen wollen; zumahl
zwischen diesen beyden Texten eine feine Consonantz und
Correspondentz wahrzu nehmen ist / indem wir dorten
die himmlische Gluck=Henne antroffen / die ihre Junge
zu sich locket / und sagt: Kommet her zu mir ꝛc. Hier a-
ber den himmlischen Adler / der seine Junge gleichsam
auf hocken heisset / und zu ihnen spricht: Ja / Ich will
Euch tragen biß ins Alter / und biß Ihr grau werdet;
Ich wills thun. Ich will heben / und tragen / und erretten. Wollen derowegen ohne fernere Vorbereitung
aus diesen Worten zu betrachten vor uns nehmen Philo-
storgiam DEI aquilinam, die Göttliche Adlers=Treu /
die Er den seinen damit erweiset / daß Er Sie trägt / wie
ein Adler seine Jungen. O HErr hilff / O HErr laß es
wohl gelingen! Amen.

Gliebte Freund und Zuhörer; warum Ich
eben den Adler zu einem Bild der Göttlichen
Treu und Lieb / die Er den seinen zuweisen
pflegt / erwehlet habe / darff nicht viel fra-
gens / denn die Schrifft selbsten gibt uns
solch Gleichnus an die Hand. Ihr habt gesehen / was
B   Ich

Ich den Egyptern gethan habe/ und wie Ich Euch getragen habe auf Adlers-Flügeln/ und hab Euch zu mir bracht/ diese Wort ließ GOTT der HERR durch Mosen dem Hause Jacob und den Kindern Jsrael zuentbiethen Exod. 19. 3. 4. und Deut. 32. 11. spricht Moses: Wie ein Adler ausführet seine Jungen/ und über ihnen schwebet; also breitet Er seine Fittich aus/ und nahm Jacob und trug ihn auf seinen Flügeln. Man halte nun dagegen die Wort unsers Textes sammt den nechstvorhergehenden/ so wird sichs auswersen; daß GOTT der HERR beym Esaia gleichsam mit Fingern hin auf Mosen weise/ indem Er das Hauß Jacob und alle übrige vom Hause Jsrael anredet/ und saget; Ja/ ich will Euch tragen biß ins Alter ꝛc. Daß wir demnach GOtt den HERRN in unserm Text gleichsam abgemahlet finden/ wie einen fliegenden Adler/ der seine Jungen auf seinen Flügeln trägt/ mit diesem Bey-Wort: Donec nix tincta capillis. Biß die Haar grauen gar. Denn so schreibt man von dem Adler (vid. Delr. Adag. T. 1. Adag. 84. p. m. 77. Cornel. à Lap. in Exod. 19. v. 4. Dannh. Lac. Catech. p. 4. p. 475.) daß Er seine Jungen nicht/ wie andere Vögel/ zwischen den Klauen/ sondern auf dem Rücken trage/ auf daß/ so jemand von unten hinauf nach Ihm schiessen wolte/ ehe der Alte/ als die Jungen/ getroffen werde. Solche Göttliche Adlers-Treu und Liebe aber ferner auszulegen/ haben wir zu besehen

1. Portatorum qualitatem, der Getragenen Beschaffenheit.
2. Portationis perpetuitatem/ deß Tragens Beständigkeit.

3. Por-

3. Portantis pronitatem, deß Trägers Gutwilligkeit.

I.

Der Adler trägt seine Jungen. Wer sind dann die so GOtt der HERR zu tragen allhie so theuer verheissen hat? Das zeiget das Wörtlein: Euch im Text/wenn da stehet: Ja/ Ich will Euch tragen. Wenn wir wissen wollen/ wer durch diß Wörtlein gemeynet sey/ müssen wir zurück gehen in den vorhergehenden Versicul. So läst sich aber daselbst der HErr vernehmen: Höret mir zu/ Ihr vom Hause Jacob/ und Ihr übrigen vom Hause Israel. Die vom Hause Jacob demnach/ und die übrigen vom Hause Israel die sinds/ zu denen gesagt wird im Text: Ich will Euch tragen. Etliche halten dafür/ die vom Hause Jacob/ und die übrigen vom Hause Israel seyen einerley/ und werde dadurch verstanden das Jüdische Volck/ohne Absicht auf den Unterscheid/ der sonsten war unter den zwey verschiedenen Königreichen/ Juda und Israel; gleichwohl aber mit einer Absicht auf die Gefängnus/ da zehen Stämme weggeführet/ und nur zween/ nemlich Juda und Benjamin/ überblieben. (Ita sentit Cornel. à Lap. h.l.) Oder auf die Babylonische/ von welcher zwar das Volck GOttes/ die vom Hause Jacob/ wiederkommen/ aber nur als Reliquien, indem Sie durch besagte Gefängnus hart mitgenommen und sehr dünn gemachet worden/ (Ita Viarienses sentiunt.) Etliche aber meynen/ daß GOtt er HERR durch die übrige vom Hause Israel die in-

B ij son-

sonderheit verstehe/ welche von den zehen Stämmen übrig blieben im Lande Israel/ und nicht/ wie ihre Brüder/ in Assyrien gefangen geführet worden/die sich hernach zum Hause Juda geschlagen/ wie aus der Histori Hiskiä und Josuä zu ersehen ist. (vid. Gloss. interlin. & Arcular. h. l.) Dem sey/ wie ihm wolle/ so läst sich die Application sehr wohl/ theils auf die gantze Christliche Kirche; theils auf alle lebendige Gliedmassen derselben machen. (Besiehe Herrn D. Joh. Olearii Biblische Erklärung.) Alle wahre Christen derowegen haben sich dieser Verheissung GOttes anzumassen. Denn was vorhin geschrieben ist/ ist ihnen zum Trost geschrieben Rom. 15. 4. Das das sind die Pulli, oder Jungen/ welche der himlische Adler zutragen versprochen hat. Und können glaubige Christen mit den Adlers-Jungen verglichen werdē I. Propter generationem, wegē der Entspriessung. Der Adler brütet seine Eyer aus/ und solcher Gestalt kömt Er zu Jungen. Seine Jungen seine Kinder so zureden. Wie die jungen Adler von den Alten; so sind die Glaubige von GOtt gebohren Joh. 1. 12. 13. Sie sind alle GOttes Kinder durch den Glauben an Christo JEsu Gal. 3. 26. II. propter dilectionem, der Liebe wegen. Der Adler liebet seine Jungen vor allen Vögeln/ ja vor allen Thieren (teste Æliano ap. Delr. l. a. p. m. 79. & S. Hieronymo ap. Cornel. à Lap. in Deut. 32. v. 11. & Ravanell. voce Aquila:) GOTT liebet die seine auch gantz innlglich. Kein Adler kan seine Jungen also lieben/ wie GOTT liebt seine Glaubige. Diese Liebe ist nicht allein grösser/ dann der Thiere Liebe zu ihren Jungen/ sondern auch grösser/ dann der Vatter und Mutter Liebe zu ihren Kindern.

Kan.

Kan auch ein Weib ihres Kinds vergessen / daß Sie sich nicht erbarme über den Sohn ihres Leibes? Und ob Sie schon desselben vergässe / so will Ich doch dein nicht vergessen / denn siehe! in meine Hände hab Ich dich gezeichnet/ spricht Er selber zu dem geistlichen Zion Esa. 49. 15. 16.
III. propter imitationem, wegen der Nachahmung. Die jungen Adler schlagen / arthen und ahmen den Alten nach. Welcher Natur die Alten sind / derselben sind auch die Jungen. Ob sie gleich jung sind / so haben sie doch Adlers / und nicht Sperlings-Arth an sich. Die Glaubigen GOttes sind auch geartthet wie GOTT. Gleichwie Sie der Göttlichen Natur auf gewisse Weise theilhafftig sind / nach 2. Petr. 1. 4. also sind Sie auch GOttes Nachfolger / wie die lieben Kinder. Eph. 5, 1. Gleich wie Er ist / also sind auch Sie in dieser Welt. 1. Joh. 4. 17. Sie reinigen sich / wie Er auch reiniist. 1. Joh. 3. 3. Sie sind vollkommen / wie auch ihr Vatter im Himmel vollkommen ist. Matth. 5. 48. Er ist heilig ; sie auch. 1. Petr. 1. 15. Er thut nicht Sünde / ja Er kan nicht sündigen. Sie gewisser massen auch nicht. Wer aus GOTT gebohren ist / der thut nicht (aus Frevel) Sünde / dann sein Saame bleibet bey Jhm / und kan nicht sündigen / (so lang Er nemlich bleibt/der Er ist:) dann Er ist von GOTT gebohren. 1. Joh. 3. 10. IV. propter probationem, wegen der Prüfung. Vom Adler wird unter andern auch diß vermeldet / daß Er gleichsam ein Examen anstelle mit seinen Jungen / und sie prüfe / ob sie auch die Sonne mit unverwandten Augen anschauen können. Die es können / die erkenne Er für die Seine ; die andern aber werffe Er zum Nest heraus / als wären sie nicht sein / und giengen ihn nicht an. (vid. Franz. Histor. animal. lib. 2. cap. 1.)

Der himmlische Adler prüfet seine Jungen auch. Wer nicht beständig und mit unverwandten Glaubens-Augen ansiehet seinen Sohn/ JEsum Christum/ die Sonne der Gerechtigkeit/ eine Zeitlang zwar glaubet/ aber zur Zeit der Anfechtung abfället/ der taug nicht in sein Himmelreich/ sondern wird hinaus geworffen ins äusserste Finsternus hinaus/ da Heulen und Zähnklappen ist/ zu reden aus Luc. 8. 13. und Match. 22. 13. Junge Adler und GOttes Gnaden-Kinder sind miteinander verglichen V. propter dignitatem, der Würde/ oder deß Verzugs wegen. Deß Adlers Jungen sind unter allen jungen Vögeln die Herrlichsten/ eben darum/ daß sie des Adlers Jungen sind/ und nicht der Eulen. Der Adler hat unter dem Geschlecht der geflügelten Thiere das præ. Wie der Löw der König unter den Thieren auf Erden/ der Delfin unter den Fischen im Meer; so der Adler unter den Vögeln in der Lufft. (Hinc Aquila insigne Romani Imperii, vid. Camerar. Hor. Succis. cent. 2. cap. 22. & Dannhauer. Christe. act. 1. theatr. 2. phænom. 4. p. 542.) Wie nun der Könige Kinder unter den Menschen in höhern Ehren gehalten werden/ als gemeiner Leute Kinder; so sind auch die Adlers-Jungen höher zu achten/ als die Jungen der gemeinen Vögel. Glaubige Christen/ als Kinder GOttes/ gehen den Kindern dieser Welt auch bey weitem vor. Ihr Vatter der König aller Könige. 1. Tim. 6. 15. Und sie auch Könige. Christus hat Sie geliebet/ und gewaschen von Sünden mit seinem Blut/ und hat Sie zu Königen und Priestern gemacht für GOTT und seinem Vatter. Apoc. 1. 5. 6. Sie sind das auserwählte Geschlacht/ das Königliche Priesterthum. 1. Petr. 2. 9. Dahero Sie auch die Erstlinge der Creaturen GOttes

tes genennet werden Jacob.1.18.Gleichwohl aber so sind
Sie den Adlers-Jungen verglichen VI. propter infirmi-
tatem, wegen der Schwachheit und Unvermöglich-
keit. Wie mit andern jungen Vögeln und Thieren/also
ists auch beschaffen mit den jungen Adlern. Sie können
sich nicht selbst versorgen mit Speiß und Tranck/ sie können sich auch selbst nicht schützen; sondern das müssen die
Alten thun. Gleicher massen können sich die Glaub-und
Heiligen GOttes nicht selbst versorgen/ nicht selbst schü-
tzen/ weder am Leib/ noch an der Seele; sondern das
alles thut ihr Vatter im Himmel. Drum spricht Er auch
zu ihnen: Ich will Euch tragen ꝛc. In diesen und andern Puncten kommen GOttes Heilige und Geliebte mit
den jungen Adlern überein. Woraus schon guter massen ihre/ als der getragenen / Beschaffenheit zu ersehen
ist. Derselben jedoch weiter nachzusinnen/ gibt uns der-
selbste Context gute Anlaß und Gelegenheit / indem Er
Sie die vom Hause Jacob nennet/ und die übrige vom
Hause Israel. Wer Jacob gewesen/ von dem das
Hauß Jacob den Namen hat/ weiß jedermann/ nemlich
der Sohn Isaacs und Enckel Abrahams. Jacob heist
ein Untertretter. Der Bruder Jacobs / Namens E-
sau/ stichelt auf diesen Namen/ wann Er sagt: Er heist
wohl Jacob / denn Er hat mich nun zweymahl unter-
tretten/ ꝛc. Gen. 27. 36. Wahre Christen sind nicht allein vom Hause Jacob/ welches die Christliche Kirche
ist Luc. 1. 33. sondern sie sind auch rechte Jacobi. Untertretter sinds/ aber nicht ihres unschuldigen Nechsten/
worüber geklaget wird Amos. 4. 1. sondern ihrer geistlichen
Feinde/ deß sündlichen Fleisches/ der verführischen Welt/
des leidigen Teufels. (:Supplantatores vitiorum, juxta
Lyr.

Lyr. Moral.) Durch dich wollen wir unsere Feinde verstossen/ in deinem Namen wollen wir untertretten die sich wider uns setzen/ so sagen die vom Hause Jacob Ps. 44. 6. so sagen auch/ was wahre Christen sind. GOtt ists zwar eigentlich/ der ihre Feinde untertritt/ zu dem sich S. Paulus wendet/ wenn Er wündschet/ daß Gott den Teufel unter die Füsse seiner Gläubigen zertretten wolle in kurtzem/ Rom. 16. 20. Sie werden aber doch auch selbst Untertretter ihrer Feinde durch den Glauben/ dadurch Sie den Sieg erlangen. 1. Joh. 5. 4. 5. Sie sind starck im HERRN/ und in der Macht seiner Stärcke Eph. 6. 10. Jacob bekahm den Namen Israel/ da Er mit GOTT gerungen/ wie zu lesen Gen. 32. 27. 28. und von dieser Namens-Veränderung kommts/ daß die Nachkommen Jacobs auch das Haus Israel/ die Kinder Israel/ die Israeliten/ und der Israel selbst genennet werden. Es seynd aber nicht alle Israeliten/ die vom Israel sind. Rom. 9. 6. Wer deß Glaubens Jacobs ist/ der auch Israel heisset/ der ist ein solcher/ zu dem man sagen mögte/ wie der HERR Christus zu Nathanael: Siehe ein rechter Israelit/ in dem kein Falsch ist/ aus Joh. 1. 47. Weil Jacob mit GOtt gekämpffet/ wurde Er/ wie gedacht/ Israel genennet. Und der Israel GOttes/(so nennet S. Paulus den geistlichen Israel Gal. 6. 16.) muß auch zuweilen mit GOtt kämpffen/ wovon Herr Lutherus Sel. mag gelesen werden Tom. IX. Altenburg. pag. 1089. Was soll aber endlich das bedeuten/ daß die Gläubigen auch die übrigen vom Hause Israel tituliret werden? Es zeiget an/ daß derselben wenig/ und daß sie danebenst verachtet sind. Wenig ist derselben/ und heist/ wie die Kirche singet aus Psal. 12. 2. Ach GOTT vom Him-

Himmel sieh darein/ und laß dich deß erbarmen/ wie wenig sind der Heiligen dein/ verlassen sind wir Armen. Es sind wohl nur Reliquien. Ihrer ist nicht ein Land/ sondern nur eine Hand voll. Sie sind gleich dem Most/ den man in einer Trauben findet/ und spricht: Verderbe es nicht/ es ist ein Segen drinn/ nach Esa. 65. 8. (confer Mich. 7. v. 1. seq.) So wenig ihr der ist/ so veracht sind sie auch. Sie sind deßwegen wohl feces rel:quiarum, die übergebliebene Hefen oder Grund-Suppe/ wie es die Glossa interlinearis gibt. Die Gerechten stincken vor den Gottlosen. Sie sind sehr voll Verachtung. Sehr voll ist ihre Seele der stoltzen Spott/und der Hoffärtigen Verachtung/ nach Psal. 123. 3. 4. Aber darum nicht todt? Was Menschen verachten/ das ehret GOtt. Nichtig auf Erden; herrlich im Himmel. Was Verachters war/ als JEsus der Sohn GOttes selbsten in dem Stand seiner Erniedrigung? Er war traun der Allerverachteste/ ꝛc. Esa. 53. 3. aber was schadet es Ihm? Je tieffer er von Menschen verachtet wurde; je höher wurde Er von GOtt geehret. Aus diesem allerverachtesten Wurm hat GOTT den allergrösten HErrn gemacht/ wie zusehen Phil 2. 9. seq. Gleiche Bürden; gleiche Würden! die mit Christo (Verachtung) leiden/ sollen auch mit Christo zur Herrlichkeit erhaben werden. Rom. 8. 17. So sind sie auch schon jetzo herrlich gnug/in dem sie von GOtt gewürdiget sind/daß Er sie gleichsam auf Händen/ oder/ (dem deren Gleichnus vom Adler zu verbleiben) auf seinen Fittichen und Flügeln trägt.

C   II.

II.

Wenn aber jemand gern wissen will/ wie lang denn GOtt die Seine zu tragen pfleget? so antwortet er selbst hierauf: Ich will euch tragen biß ins Alter/ und biß ihr grau werdet. Die Adler tragen ihre Jungen/ aber nur so lang sie noch jung und klein sind/ und länger nicht, Wann sie erwachsen sind/ so mögen sie sich selber tragen. Ja, alsdenn können sie ihre Alten oder Eltern nicht mehr vertragen/ sondern exterminiren sie mit Gewalt/ und jagen sie aus ihren Gräußen hinaus/ aus Bevsorge/s sie mögten sonst an Raub/ davon sie leben müssen/ Mangel leiden. (videatur iterum Delrio.) Nicht mehr vertragen/ sag ich/ können die alte Adler ihre Jungen/ wenn sie groß und starck worden sind; geschweige denn daß Sie sie weiter tragen solten. So werden auch dem Adler seine Jungen mit der Zeit zu schwehr/ daß er sie ferner nicht wol kan/ ob er sie schon gern wolte/ tragen. Eine Gluck-Henne/ trägt ihre Küchlein auch nicht biß ins Alter/ sondern nur so lang sie noch klein und leicht sind: So bald sie aber etwas erstarcken/ thut sie nicht mehr so mit ihnen/wie vorhin. Sie lässet sie nicht mehr auf ihr hocken/ wie zuvor/ daß Sie sie auch wohl gar von sich beisset/ und nicht einmahl mehr um sich leiden will/ geschweig denn auf oder über sich. Dergleichen thun andere Thiere auch: Das Pferd schlägt des Füllen; der Hund beist seine Jungen weg zuletzt. Ja auch die Mütter tragen ihre Kinder nicht immerdar. Aber unser GOtt/ wie Er die Seinen trägt von Mutterleib an,/ (vid. vers. 3. & Hackspan, Not. Phil. p. 1. p. m.

1. p. m. 862.) also trägt er sie biß ins Alter / und biß sie grau werden. Er trägt traun seine Gläubige von Mutterleib an / daß sie sagen und rühmen können / wie der HErr Meßias Psal. 22. v. 10. Du hast mich aus meiner Mutter Leib gezogen. Du warest meine Zuversicht / da Ich noch an meiner Mutter Brüsten war. Auf dich bin ich geworffen von Mutter-Leibe / du bist mein GOTT von meiner Mutter-Leib an: und mit David aus Psal. 71. 5. seq. Du bist meine Zuversicht / HErr / HErr / meine Hoffnung von Jugend an. Auf dich habe ich mich verlassen von Mutter-Leib an/du hast mich aus meiner Mutter-Leib gezogen. Mein Ruhm ist immer vor dir. Wie die Mutter ihr Kind/die Amme ihren Säugling/ der Adler seine Jungen trägt / so trägt GOTT die Seine von Jugend auf. Er pfleget und wartet ihr./ Er versorget und nehret / Er beschützet und bewahret sie. Naemi/ die Schwieger der Ruth/ da diese ihre Schnur dem Boas einen Sohn gebohren / nahm das Kind/ und legt es auf ihren Schos/ und ward seine Wärterin/ Ruth. 4. 16. Also nimmt auch GOtt der HErr einen jeden gläubigen Christen / wenn Er auch gleich noch ein kleines unmündiges Kindlein ist / in seinen Gnaden-Schos/ und wird gleichsam seine Wärterin. Er trägt es / wie ein Adler seine Jungen. Wenn aber auch ein gläubiger Christ erstarcket / und zu seinen Jahren kommen / ja wenn er schon alt und grau worden ist / hört Er doch nicht auf ihn zu tragen/ und sein zu pflegen mit aller Treu. Er trägt ihn biß ins Alter / und biß er grau wird. Den Müden gibt er Krafft / und Stärcke genug den Unvermögenden. Die Knaben werden müd und matt / und die Jünglinge fallen:

C 2   Aber

Aber die auf den HErrn harren/ kriegen neue Krafft/ daß sie auffahren mit Flügeln/ wie Adler/ daß sie lauffen/ und nicht matt werden/ daß sie wandeln/ und nicht müd werden. Esa. 40. 29. seq. Ja Er macht ihn wohl gar im Alter wieder jung/ nach Psal. 103. 5. oder erhält ihn biß ins Alter bey guter Krafft/ wie an Mose Deut. 34. 7. und Caleb Jos. 14. 11. zu ersehen ist. Läst er aber gleich die Seinen im Alter Schwachheit fühlen/ so stärcket/ erquicket und erhält er sie doch darinnen/ und es muß ihr Gebet nicht vergebens seyn/ wenn sie in ihrer Jugend zu Jhm ruffen: Verwirff mich nicht in meinem Alter/ verlaß mich nicht/ wenn ich schwach werde/ mit David aus Pf. 71. v. 9. & 18. Wie es denn freylich die Meynung nicht hat/ als wenn GOtt der HErr auffhörte die Seine zu tragen/ nachdem sie nun alt und grau worden sind/ wenn Er saget: Ich will euch tragen biß ins Alter/ und biß ihr grau werdet. Nein! Er trägt sie continuirlich/ fort und fort/ immerdar trägt er sie/ er trägt sie biß ins Grab hinein/ so lang ein Odem in ihnen ist/ trägt er sie. Von der Jugend/ ja von Kindesbeinen an/ biß ins Alter/ und vom Alter an biß in den Tod/ da er auch ihre Seele seinen H. Engeln anbefiehlet/ daß Sie sie tragen in Abrahams Schoß. Luc. 16. 11. (Donec hic loci non est exclusivum, sed continuativum, vid. Glass. Philol. Libr. 3. tractat. 5. can. 12. p. m 704. seq. & Dannh. Hermeneut. Saer. p. 218.) Traun/ wenn wir am schwächsten sind/ trägt uns GOtt am allermeist und liebsten/ wie eine Mutter ihr Kind/ wenns am schwächsten ist. Am schwächsten aber sind wir/ wenn wir alt und grau sind. Je älter/ je schwächer. Und wenn wir jemals Tragens/ oder doch Pflegens

gens/ brauchen/ so brauchen wirs im Alter/ oder auch/
wenn wir sonst schwach und kranck sind/ und da thut
GOTT der HERR bey uns das Seine allermeist/denn
Er spricht: Ich will Euch tragen biß ins Alter und biß
Ihr grau werdet. Sind wir Geistlich schwach/es sey/
wenn es wolle/ im Alter oder in der Jugend/ Er trägt
uns/ und hat grosse Gedult mit uns. Wie trug und vertrug
er die Kinder Israel? bey 40. Jahren lang dultet er
ihre Weise in der Wüsten. Act. 13.18. Er richtete sie mit
Gelindigkeit/ und mit viel Verschonen regieret er sie Sap.
12.18. Und wie solt er uns nicht tragen/ so er uns durch
S. Paulum anbefiehlet/ daß wir einer deß andern Last
tragen sollen? Gal. 6.2. Sind wir leiblich schwach und
kranck/ er trägt uns abermahl. Einen krancken Menschen/
er sey gleich jung oder alt/ muß man heben und tragen. Da
tritt nun GOtt der HErr zu/ springt bey/ und trägt den
Menschen. Er nimmt ihn gleichsam in seinen Schos/
hebt ihn auf seine Arme/ trägt/ legt/ und tröstet ihn/ wie
einen seine Mutter tröstet/ nach Esa 66.33. Er erquicket uns
auf unserem Siech-Bette/ hilfft uns auch wohl/ gehalten
Sachen nach/ von all unserer Kranckheit/. Psal. 41.4.
Der HErr wird ihn erquicken auf seinem Siech-bette/
so spricht David von dem/ der sich des Dürfftigen annimt/
wie es Herr Lutherus. Sel. gut. Teutsch gegeben hat. Das
Ebreische Wort/ so in dem Grund Text stehet/ heist eigentlich
so viel/ als etwas/ das baw- und hinfällig ist/ unterstützen.
(vid Geier. in loc: cit.) Wie demnach eine Stütze
den Bau/ oder eine hangende Wand/ tragen und halten
muß/ die sonst ein- und zu hauffen fielen; so unterstützt/ so
trägt/ hält und erhält uns GOtt in unseren Kranckheiten.

C iij   Wann

Wann wir kümmerlich gehen können / so ist er gleichsam unser Stab / der uns tragen und halten muß. Wann wir uns im Bett hin und wieder wenden / wobey uns weh geschicht / so stützet er uns sänfftiglich. Ja wann wir keinen Fuß fortsetzen / keine Hand regen können / so hebt und trägt / so stärcket / kräfftiget und gründet er uns. Du hilffst ihm von aller seiner Kranckheit / sagt David ferner am bemeldten Ort. Eigentlich und nach der Hauptsprach heists: Du hast ihm all sein Lager (das ist / sein gantzes Lager) umgewendet / wie es auch die Mayntzische Teutsche Bibel gegeben hat. Das verstehet nun Herr Lutherus Sel. von Veränderung der Kranckheit / und gibts sehr recht und wohl: du hilffest ihm von aller seiner Kranckheit. Es sind aber gleichwohl nicht gar unebene Gedancken etlicher GOttes-gelehrten / die dafür halten / man könne durch das Lager des Krancken / dadurch Herr Lutherus und andere deß Krancken Zustand / auch sein Bett verstehen / in welchem Verstand das Ebreische Wort משכב zu finden ist Hiob. 33. 15. Psal. 4. 5. 2c. gleichsam / als machte der König David GOtt den HErrn zu einer Krancken-Wärterin / die nicht allein den Patienten / mit allerley Labsal erquicket / sondern ihm auch öffters das Bett umwendet / machet / und wohl auffücklet / daß er desto sänffter ruhen / und also auch hierinnen eine Equick- und Leichterung finden möge: (vid. Olear. Gymnas. Pat. p. m. 957. Scriver. Seelen-Schatz part. 4. p. 524.) wie künte sich doch GOtt der HErr freundlicher gegen uns erzeigen? Ist das nicht zu viel / lieber GOtt / daß du unser / wann wir schwach und kranck sind / selbst warten / und uns gleichsam sanfft betten wilst? HERR was ist der Mensch / daß du dich

sein

sein so annimmst / und des Menschen Kind / daß du ihn so
achtest? fragen wir billich aus Psal. 144.3. O freue dich /
mein Hertz / auf dein Kräncken-Bettlein. Vor seine kran-
cke Kinder sorget der himmlische Vatter am allermeisten,
Er bettet ihnen selbst: Der Seelen in den Wunden Christi / da sie Ruhe und Erquickung findet Matth. 11. 29.
Dem Leib in seinem eignen Hertzen / das vor
ihn sorget; in seinen eignen Händen / die sein pflegen
und warten/ die ihn heben und tragen. Denn bescheret er
zuweilen einen sanfften Schlaf / oder lindert ihm sonsten
und auf andere Weiß seine Schmertzen/ wodurch ihm selbst
gleichsam sanfft gebettet wird. O deß gnädigen/ gütigen
und liebreichen GOttes / der aus einem HErrn gleichsam
unser Diener wird / und sich zu einem Krancken-Wärter
gebrauchen lässet! Wer solts von ihm begehren dürffen/
wann er sich nicht selbst darzu erbotten hätte und gesagt:
Ich will Euch tragen biß ins Alter / und biß Ihr grau
werdet. Ich wills thun / Ich will heben / tragen und
erretten?

III.

Und hiermit zeigt er auch selbsten an seine / als des
Trägers/ Bereitwilligkeit. Der Adler trägt seine Jungen mit Lust/ das macht die Liebe / die er zu ihnen trägt.
GOtt der HErr die Seinen auch. Der Adler wird zuletzt
deß Tragens gleichwohl müde / ja gar die Mutter / wie
obgedacht. GOTT der HERR nicht. Er trägt uns
immerdar mit gutem Willen / und beschwehret sich dar-
ob im geringsten nicht. Ich will Euch tragen/ spricht er/
biß

biß ins Alter und biß ihr grau werdet. Ich wills thun. Ich will heben/tragen und erretten. Siehe; da ist nichts/ dann eitel guter und vätterlicher Will bey ihm. Wann ein ehrlicher Mann etlich mahl nacheinander in einem Odem zu einem sagte: Ich will euch diesen oder jenen Dienst oder Gefallen thun/ seyd versichert/ ich wills thun: so würde man ja in seine Zusage keinen Zweifel setzen. Nun sagt GOtt allhie nicht ein-sondern etlich mahl/ er wolle uns heben und tragen/ er wolles thun/ er wolle es außrichten. Er gibt auch diesen seinen gnädigen guten Willen gegen uns anderswo zu verstehen/ nemlich Psal. 91. 14. seq. Da er auch vielmahl nacheinander sagt: Ich will/ Ich will. Er begehret mein/ so will ich ihm außhelffen. Er kennet seinen Namen/ darum will ich ihn schützen. Er rufft mich an/ so will ich ihn erhören. Ich bin bey ihm in der Noth / ich will ihn heraus reissen und zu Ehren machen. Ich will ihn sättigen mit langem Leben/ und will ihm zeigen mein Heil. O wie grosse Sünde begehen wir/ wann wir einiges Mißtrauen in ihn setzen/ da er doch/ uns zu tragen und erretten/ so gar willig sich erfinden lässet! wir wissen ja/ wie weh es einem Menschen thue/wenn er sich aus treuem Hertzen zu allem guten anerbeut/ und mercket doch/ daß man kein recht Vertrauen zu ihm haben will: Solte es damit nicht vielmehr unsern GOTT verdriessen/ und ihm höchst zuwider seyn/ wann er uns seines guten Willens zu versichern/ so viel theuer Wort gebraucht/ und doch sehen muß/ daß wir ein so schlecht Vertrauen zu ihm tragen? Was thun wir damit anders/ als daß wir ihn wollen zum Lügner machen? nach 1. Joh. 5. 10. Lasset uns derowegen auf unsern liebreichen GOtt
und

und Vatter ein recht-hertziges Vertrauen setzen/ so wird Er uns gewißlich halten/ was Er dißfalls zugesaget hat. Er wird uns tragen biß ins Alter/ und biß wir grau werden. Er wirds thun. Er wird heben/ und tragen/ und erretten. Er wird seinen Engeln anbefehlen über uns/daß Sie uns behüten auf allen unsern wegen. Daß Sie uns auf den Händen tragen/ nach Psal. 91. 11. 12. Ja auch nach unserm Tod wird Ers thun. Wenn wir aus unsern Gräbern/ als die jungen Adler aus den Eyer-Schalen/ herfür kommen werden/ so wird Er uns gleichsam auf seine Fittiche nehmen/ und in den selbsten Himmel tragen/ laut der Vertröstung deß Apostels Pauli/ der da schreibt: So wir glauben/ daß JEsus gestorben und auferstanden ist: also wird GOtt auch/ die da entschlaffen sind/ durch JEsum mit Ihm führen. Denn Er selbst/ der HErr/ wird mit einem Feldgeschrey und Stimme deß Ertz-Engels/ und mit der Posaunen GOttes hernieder kommen vom Himmel/ und die Todten in Christo werden auferstehen zu erst. Darnach wir/ die wir leben und überbleiben/ werden zugleich mit denselbigen hingerucket werden in den Wolcken/ dem HERRN entgegen in der Lufft/ und werden also bey dem HErrn seyn allezeit 1. Thess. 4. 14. 16. seq. Wie aber ein Adler vornemlich aus zweyen Ursachen seine Jungen mit sich führt durch die dünne Lüfft: Erstlich daß sie von aller Gefahr mögen befreyet seyn; darnach/ daß sie mit unverwandten Augen die Sonne anschauen lernen: Also wird auch GOTT seine Glaubige einführen in den Himmel/ einmahl darum/ daß sie hinfort aller Noth und Gefahr mögen befreyet seyn/ und kein Tod mehr über Sie herrschen/ keine Sünde sie mehr betrüben/

ben/keine Widerwärtigkeit mehr kräncken möge; darnach auch deßwegen/ daß Sie ihren JEsum/ die Sonne der Gerechtigkeit Mal. 4. 2. ohn End und Aufhören anschauen/ja selbsten leuchten mögen/wie die Sonne/in ihres Vatters Reich Matth. 13. 43. Er wird so dann mit starcker Hand uns reissen aus des Todes Band/(die uns im Grab gefangen hielten/.) und zu sich nehmen in sein Reich/ da werden wir mit Ihm zugleich in Freuden leben ewiglich/ darzu hilff uns ja gnädiglich/ HErr JEsu/ Amen!

PER-

PERSONALIA.

Nsere in dem HErrn JEsu seelig=verstorbene und zu ihrer längst/verlangtē Ruhe=Kammer gebrachte Frau Mit=Schwester ist gewesen / die Weiland Erbare VielEhr= und Tugendreiche Frau Anna/ des Weiland Wohl=Ehrn=Vesten Vorachtbarn und Wohlweisen Herrn Tobiä Schattemanns/des Innern Raths allhier Seel. Frau Wittib/welche von Ehrlichen und Christlichen Eltern erzeuget/und Anno. 1607. den 13ten Junii frühe nach 7. Uhren allhier zu Schweinfurth auf diese Welt gebohren worden. Ihr Herr Vatter ist gewesen der Wohl=Ehrn=Veste Fürsichtig und Wohlweise Herr Erhard Schneider/des Innern Raths allhier/Ihre Frau Mutter aber/ Martha/ Herrn Marci Albrechts / auch des Innern Raths allhier / eheleibliche Tochter/ nunmehr allerseits seelig.

Von gedachten ihren Christlichen Eltern ist de

Sie bald nach ihrer Geburth zum Sacrament der heiligen Tauff befördert/ bey welcher Christlichen Handlung die Edle=Viel=Ehr und Tugendbegabte Frau Anna/ eine gebohrne Haagin von Würtzburg/ des WohlEdlen Vest und Hochgelehrten Herrn Balthasar Ruffers/ hiesiger Stadt hochmeritirten Reichs=Voigtens erste Haus=Frau/ als erbettene Tauff=Dothin/ Sie Christlich vertretten.

Nach solchem ist unser seelige Frau Mit=Schwester mit sorgfältiger Aufferziehung in wahrer Christlicher Religion wohl unterrichtet/ auch zu allen lobwürdigen Tugenden und guter Haushaltung fleissig angewiesen worden/ biß daß Sie das 23te Jahr erreichet hat/ da Sie dann durch sonderbare Schickung GOttes und beliebten Consens ihres damahligen Stiefvatters/ Herrn Wilhelm Sixtens/ vornehmen Bürgers allhier/ wie auch ihrer Frau Mutter und Freundschafft mit ob-Ehrengedachten Herrn Tobia Schattemann/ damaligen Witwer/ sich ehelichen versprochen/ und Anno 1630. den 31ten Augusti ihren öffentlichen Kirchgang allhier gehalten/ auch mit Ihme 31. Jahr weniger 2. Wochen 5. Tag eine friedfertige Ehe

Ehe beseſſen / und ſieben Kinder / als 3. Söhn und
4. Töchter durch GOttes Segen erzeuget / darvon
noch lebē 1. Sohn / Herꝛ Fridericus Daniel Schat=
kemann des Innern Raths / und 1. Tochter Anna
Barbara / Herꝛ Johann Eliá Kirchen / des Innern
Raths und Handelsmañs allhier geliebte Haus-
frau / von denen Sie 14. Dichterlein erlebet / 4.
aber nur davon / ſo lang GOtt will / annoch im
Leben.

    Ihr Chriſtenthum betreffend / iſt Sie eines
Gottesfürchtigen und Ehrliebenden Gemüths geweſen / hat ihre Sünd und Mängel erkant / dieſel-
ben hertzlich bereuet / und GOtt den HErrn derent=
wegen um Vergebung gebetten. Die Predigten
des Göttlichen Worts und Bettſtunden hat Sie
ſo lang ſie fortgekonnt / fleiſſig beſucht / als Sie a-
ber Schwachheit halber nicht mehr ausgehen können / hat Sie ihre Andacht durch fleiſſige Leß = und
Betrachtung des lieben Worts GOttes / als welches ihre beſte Freud und höchſter Schatz jederzeit
geweſen / und andere Gottſelige Ubungen zu Haus
fleiſſig fortgeſetzt / und ihr Leben in ſtiller Einſamkeit
zugebracht / das Hochwürdige Abendmahl hat
Sie zu rechter Zeit / und zwar das letzte mal vor 10.
           D iij   Tagen.

Tagen/ als dē besten Zehrpfenning zu bevorstehender Himmels-Reiß zu Haus mit heiliger Begierd und schuldiger Dancksagung genossen.

In ihrem geführten Lebens-Wandel hat Sie sowohl gegen ihren seeligen Ehe-Herrn/ als auch Kindern und Gesind/ wie es einer rechtschaffenen Christlichen Ehefrauen/ Mutter und Hauswirthin ziemet und gebühret/ sich erzeiget/ ist gegen das Armuth Mild gewesen/ auch sonsten mit männiglich friedlich und aufrichtig gelebet.

Anlangend ihre Kranckheit und darauf erfolgten tödtlichen Hintritt aus diesem Leben/ ist Sie neben befindlichem hohen Alter eine lange Zeit hero mit grosser Mattigkeit und Schwindel beladen/ und am Gehör grosser Mangel bey ihr gewesen/ darüber Sie öfters geklaget/ ob nun wohl durch grossen Fleiß der Herrn Medicorum mit Adhibirung kräfftiger Artzneye/ solcher Beschwerung öfters gesteuret worden/ hat Sie doch in 10. Jahren nicht aus ihrem Hause gehen können/ sondern der Abgang aller Leibs-Kräfften sich nach und nach vermehret/ biß Sie vor etlichen Wochen gar Bettlägerig worden/ und weilen nachgehends aus Eckel der Natur von Artzneyen Sie gar nichts gebrauchen

brauchen können/ haben andere kräfftige Mittel/
fleissige Pfleg und Warth bey ihr das beste gethan/
vor allen hat das liebe Gebet und tröstliche Zu=
sprechen/ zumahlen ihres Herrn Beichtvatters/
welcher den Tag vor ihrem seeligen Ende zu zweyen
mahlen ohnverdrossen sich bey ihr eingefunden/
Sie sonderbahr erquicket/ auch die in der Jugend
eingesämlete Kern- und Trostsprüche öfters repe-
tiret und sich damit gelabet. Ihren Leichen=Text
hat Sie nicht nur mündlich bestelt/ sondern mit eig=
ner Hand aufgezeichnet. Darauf alles Zeitlichen
sich entschlagen/ und nur um eine seelige Auflösung
unaufhörlich gebetten/ welcher Bitte der getreue
GOtt ihr in Gnaden auch gewähret/ und jüngst-
verwichenen Dienstags-Nachts bald nach 12. Uh=
re/ unter währendem thränenden Gebet dero Kinder und nechsten Anverwandten bey gutem völligen Verstand sanfft und stille/ ihres hohen Alters
76. Jahr 34. Wochen/ von dieser Welt ab=und der
Seelen nach zu sich in das ewige Leben gefordert/
da sie ewig jauchzet:

 Frölich hab ich nun erblicket
  GOttes grosse Herrlichkeit/

         Jetzund

Jetzund werd ich sehr geschmücket
Mit dem weissen Himmels-Kleid /
Mit der güldnen Ehren-Crone /
Steh' ich da für GOttes Throne /
Schaue solche Freude an /
Die kein Ende nehmen kan.

Zu welcher seeligen Himmels-Freude uns allen zu seiner Zeit aus Gnaden verhelffen wolle GOTT Vatter / Sohn und heiliger Geist / hochgelobet in Ewigkeit
Amen!

Der

Der
Seelig in GOTT ruhenden
Frauen
Schattemänninn/
Von denen in dieser Sterbligkeit
Hinterlassenen/ durch treuge=
meinte
Traur- und Trost-Gedichte/
Gestifftetes
Ehren-Gedächtnüß.

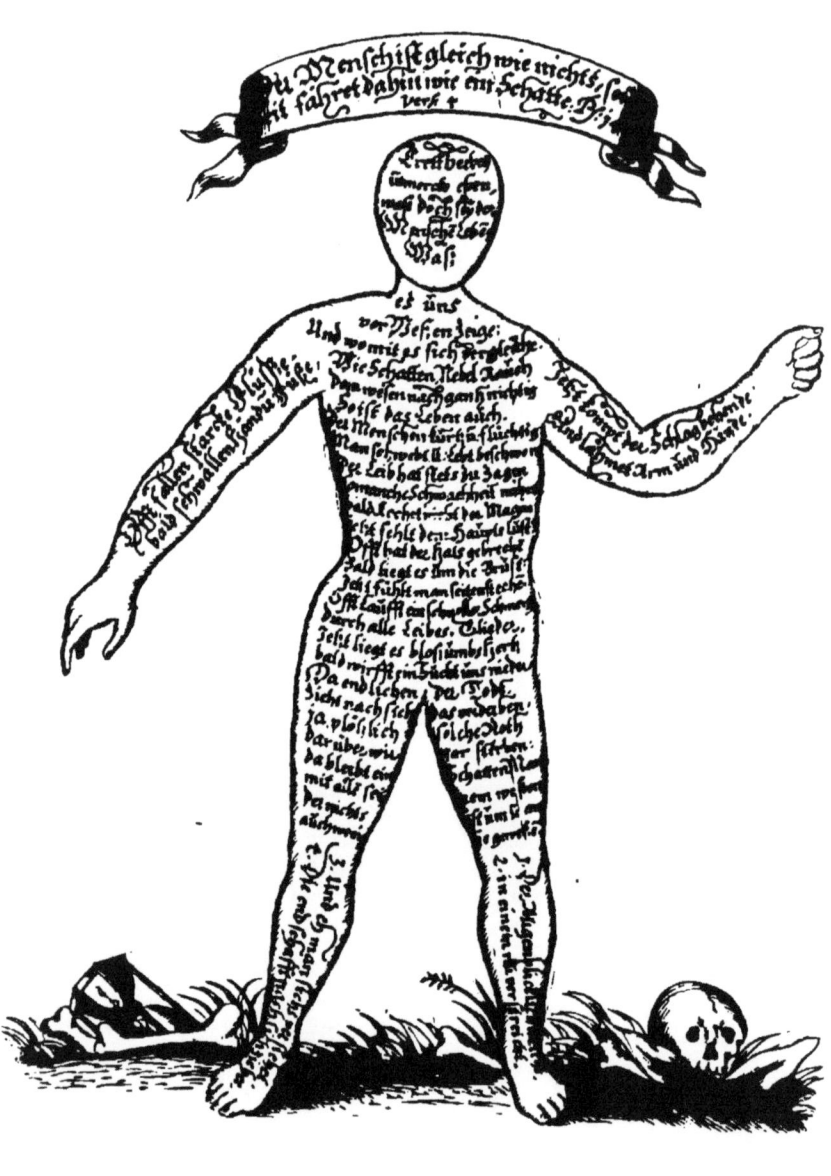

EPICEDIA.

I.

SCHATTEMANNA, avidè sacri præconia Verbi
Audire, atq; pias fundere sueta preces,
Ac tolerare crucem multis æstatibus unam,
Post varios morbos tendit ad astra poli.
Huic benè, qui simili cursu contingere metam
Cœlestem firmâ speque fideque studet.

f.

M. Casp. Heunisch,
Past. & P.P.

II.

Juniperi frustrà sub spinis fessus Elias
Quæsivit requiem, Jonaq; sub ricino.
Invenit veram Matrona beata quietem,
Hanc aquilina boni Numinis ala dedit.

Corpus

Corpus enim suavi somnô requiescit in urna,
In Domini gaudet mensq; reposta sinu.
fac.
M. *Joh. Barger*, Archi-
diac. & Prof.

III.

GOtt ists/der tragen will biß in das graue Alter
Auf seinen Fittichen mit rechter Adlers-
Treu/
Die bey den Seinigen ist alle Morgen neu/
Wenns (nach dem Sprichwort) wär noch so ein schwe-
res Malter.
Er selbst verheisset es/ nicht nützlich/ daß Er lüge;
Der Chor der Heiligen stimmt aus Erfahrung bey/
Und zeugt einhelliglich/ daß GOtt getreue sey/
Und niemand/ der Ihm traut/ mit Hinterlist betrüge.
Frau Schattemänninn/ Sie war alt und wohlbetaget/
Dazu sehr schwach und matt/ und liefe nicht sehr weit/
Ja kahm nicht aus dem Haus in gar geraumer Zeit/
GOtt hat getragen doch/ wie Er hat zugesaget.

Zu schuldigen Ehren der selig-ver-
storbnen ward dieses hinzugese-
tzet von
M. Johanne Laudenbach/Diac.

IV.

IV.

Quàm mirabiliter radiantia lumina Jovæ
Hofce fuper vigilant, qui femper amo-
re timentes
Hunc venerantur, ùt eft præceptum, & in o-
mnibus Ipfum
Sperant in rebus, fidunt bonitati & amantis.
Hoc fecit femper mea mater, & adfuit Ipfi
Semper in adverfis Chrifti folamen, & umbra
Jovæ protexit cuftodivitq; fenectam
Ejus quàm mirè : Ob caufam hanc ea dixit
Iovæ
Laudes & gratas grates de pectore toto.
Nunc obdormivit! mœftos nos linquit in orbe,
Perfidiam Galli, Turcæ, morbosque timentes.
Sed DEUS in vivis fuit, eft, erit: Ipfe medetur
Vulneribus noftris per Chrifti vulnera, fpero
Firmiter & credo.

FiDeS.

V.

Stellet die Natur in Pflantzen / Blumen /
Kräutern /
Der Unverweßlichkeit lebhaffte Bilder
für :
Es

Es kan des Künstlers Hand so ihren Saamen läutern/
  Daß Sie ein zartes Feur gewährt in eigner Zier.
Den Baum/ den man geseh'n bey Frost und Schnee ersterben/
  Zieht sein Schmaragden-Kleid im Frühling wieder an/
Und Flora wird im May so ihre Tulpen färben/
  Daß auch kein Edelstein nicht schöner funckeln kan.
So auch wird/ werthe Frau/ dein Leib dereinst erwecket/
  Und alsdann wieder blühn in weit vollkommnerm Glantz/
Wenn schon Ihn jetzt ein Stein und kühle Erde decket;
  Drum schreibe dieses ich zum Denckmahl an den Krantz:
Was hier verweßlich ist gesäet in die Erden/
  Wird unverweßlich doch zur Seeligkeit auffstehn/
Der Leib so hier verfault/ soll einst verkläret werden/
  Und über Sonn und Mond mit seinem Glantze gehn.

Dieses schriebe der Seeligen Frau
Schattemäninn zu Ehren

M. Johann-Georg Demming/ Pfarrherr zu Zell und Weipoltzhausen.

Uber

VI.
Uber Gottseelige Erwehlung des Leichen-Texts/
Aus Esa. 46. v. 1. 2.

Treues Mutter-Hertz / GOtt trägt uns in
dem Leibe /
Wir ligen Jhm/ als in der Mutter ligt das
Kind!
O mehr als Mutter-Hertz/ das biß ins Alter träget/
Und biß ans graue Haar/ die Kinder hebt und häget/
Auch kräfftiglich errett! wohl dem der den Trost find/
Und schafft/daß er mit Frucht zur Nothzeit bey ihm bleibe!

Frau Schattenmänninn thats / als eine Christin soll:
Je älter ich auch werd/ je einsamer und trüber /
Ich/ sprach Sie/ leben muß/ in langem Wittib-Stand/
Je mehr erhält mich GOTT mit Vatt-und Mutter-
Hand.
Es gieng der fromme Mund am Lebens-End auch über/
Wes Jhr das eyfrig-Hertz längst vor dem End war
voll.

Zu schuldigen Ehren

M. Joh. Henr. Krämer/
Gymn. & Sch. R.

F   VII

VII.
A. Ω.

Vita brevis nostra est, & maxima Lerna malorum,
Semper ubi vivos cura laborque premunt.
In cœlis contrà sunt gaudia, multa voluptas:
Electos cingit, jubila mille canunt.
Felix! ô nimiùm felix! qui morte solutus,
Relicto mundô, cœlica regna tenet.
Morte pii scandunt læti ad palatia cœli,
Nullus ubi labor est; vita perennis erit.
Contigit hoc viduæ Schattmannin/ fœmina honesta,
Exemplar veræ quæ pietatis erat;
In mundo duxit vitam justamque piamque.
In cœlo fruitur perpete pace Dei.
Hinc mors nō mortis, sed vitæ nomine gaudet,
Sola timenda malis, non metuenda bonis;
In cœlis requies datur illis vera, beatè
In Christo Domino qui didicêre mori.
Jure beatus homo, casus qui vicit acerbos,
Hic certò moriens regna salutis habet.

Relictos ita consolaturus festinanter scrib.

Georg Friederich Odenwald/
Pastor in pago Thüngen.

VIII.

VIII.

1.

GOTT ist der rechte Schattemann/
Der Schatten giebt in Trübsals-Hitze/
Und alle Unglücks-Wetter-Blitze
    Gar fein erträglich machen kan/
So/ daß Sie nach der Frommen Sinnen
Ein gar gewünschtes End gewinnen.

2.

    Weil denn Frau Schattemännin auch
Ist GOttes liebes Kind gewesen/
Von Ihm zum Leben auserlesen/
    So hat Er Sie/ nach seinem Brauch/
Zwar manche Hitze lassen brennen/
Die Sie doch noch ertragen können.

3.

    Indem der so getreue GOTT/
Wenn wir die Warheit wollen sagen/
Sie biß ins Alter hat getragen/
    Und Ihr in aller ihrer Noth
Ein Schattenreich-vergnügtes Leben
Hat unter seinen Flügeln geben.

4.

Nun Sie dem Schatten dieser Welt/

Den Sie verachtet/ ist entgangen/
Als die GOtt einig angehangen/
  Und auſſer dem ihr nichts gefällt/
So hat Sie rechte Schatten=Freude/
Beym Baum des Lebens/ ohne Leide.

Der seelig=Verstorbenen zu letzten
Ehren aufgesetzt von
Valentin Schmidten/ Conr.

IX.
A. Ω.

Jer lebt ein frommer Christ/ in lauter Hun=
  des=Tagen/
Da Jhn die Trübſals=Hitz/ Angſt Noth und
  Jammer=Plagen/
Offt ſo/daß er erſchwärtzt;(﹡)die Soñ ihn ſo verbreñt/
Daß Jhn nicht Wetter=Freund/ nicht vor bekandter
  kennt.

Wer klug/ bewirbet ſich um Linderung und Schatten/
So viel Christ=müglich iſt; damit Er mög vergatten
  Mit Trüb die Labeſal; mit Un=das gute=Glück;
  Mit Leiden=Freuden=Zeit; mit Feinds=Tück/ Freundes=
    Blick.

Frau Schattenmännin kunts. Es ſchien Jhr zwar die Soñe
Der Gnade/ JEſus Chriſt/ da ſie/ mit Freud und Wonne/
                                              Zur

(﹡) Cant. 1. v. 6.

Zur Tauff getragen wurd; doch war davon nicht fern
Der sehr beschwerliche / Welt-Teufels-Hundes-
Stern.

Der nagt und plagte Sie/ wie alle fromme Hertzen/
Schürt Feur/ trug Brände zu/ schoß Stralen: Sie zu
schwärtzen
Recht wohl / und wohl genug: sagt gar/ der JESus-
Freund/
Die Gnaden-Sonne sey Ihr allerärgster Feind.

Was thut Sie? vor der Welt sucht Sie in Ehr zu kommen/
Unter beliebten Schutz und Schatten/ eines (β) Frommen/
Genandten Schattenmanns; da war bereitet Schutz/
Erquickung/ Schatten/ Schirm/ Trutz Feind/ und
Neider Trutz!

Alt-abgesagter Feind / auch du kanst Ihr nicht schaden/
Weil Sie sich hinbegibt ins feste Schloß der Gnaden/
Zu JEsu Lebens-Baum. Da Schatten-Sicherung/
Vor Sünd/ Todt/ Teufel/ Höll: vor Zorn-Feur Lin-
derung.

(γ) Denn dieser träget Sie in treuem Mutter-Hertzen
Ihr Lebenlang / im Todt; tilgt alle Seelen-Schmertzen.

F iij.   Nun

(β) *Tobias.*
(γ) *Esai. 46, 4. Leichen-Text.*

(s) Nun rühmt Sie Freuden-voll / den Schatten der begehrt/
Und Jhr in Christi Schos / nun ewig ist gewährt.

Zu letzten Ehren der S. Fr. Schattemän-
ninn mitleidig aufgesetzt von

Johann Grasmuten/hiebevor Wolffs-
kehlischen Pfarrer zu Rotenbauer/
anjetzo Mit-Arbeitern an hiesiger La-
teinischer Schule.

(δ) Cant. 2. 3.

X.

SO ist doch einstens noch/ GottLob/ die Stun-
de kommen/
Da ich mit grosser Freud soll werden aufge-
nommen/
Dahin ich längst gewolt/ ins schöne Himmels-Felt/
Das mir viel lieber ist/ als hundert tausend Welt.
Ich lebte zwar auch drin/ doch war mir Gott am nechstē
Mit seiner Gnaden-Krafft. Wenn mein Glaub war
am schwächsten/
Hat Sie mich aufgericht/ daß ich vertraute GOtt/
Drum hat Er mich auch nun gebracht aus aller
Noth.
Und diesem treuen GOTT woll't Jhr auch stets ver-
trauen/
Jhr meine liebste Freund / auf Jhn beharrlich bauen/
Er wird euch lassen nicht / und kähm auch selbst der
Tod/
GOtt ist und bleibet doch der starcke gute GOtt.

Nun

Nun wird es seyn an dem / daß Ich von Euch soll scheiden
Aus Noth zum lieben GOtt / aus Leiden zu den Freuden /
Mein Sterben wird mir seyn der allerbest Gewinn;
Befehl Euch alle GOtt. Ade! ich fahr dahin.

f.

Alexander Schmidt;

XI.

Gleichwie in dieser Welt die Namen und die Sachen
Zusammen stimmen offt / auch eine Gleichheit machen.
So / daß benennet wird ein' Sache insgemein
Mit einem Namen / dem dieselb' sich gleichet fein.
Also in heil'ger Schrifft / als GOttes wahrem Worte /
Wir finden hell und klar an mancher Stell und Orte /
Daß unsre Lebens-Zeit mit Recht und mit der That
(Daran kein Zweifel ist) ein'n solchen Namen hat /
Der sich zur Sache schick't / auch wohl zusammen stimmet /
Von welcher sie entlehnt den Namen und hernimmet.
Nun unsre Lebens-Zeit / so weit sie immer reicht /
So köstlich Sie auch ist / sich nur ein'm Schatten gleicht /
Der nicht ein lange Zeit bestehet / auch nicht währet /
Ja / der wol eh' man sichs vermuthet dahin fähret:
Deßwegen denn ein Mensch nur heisset / auch nur ist
ein Schatten-Mensch / darum / weil seines Lebens Frist
Auf Schattengleiche Art von dieser Welt entweichet /
Obschon Sie siebenzig / auch achtzig Jahr erreichet.

Doch

Doch ist's hinwiederum ein'm Christen-Mensch gut/
Daß er leb't in der Welt unt'r GOttes Schutz und Hut/
Der auch in heil'ger Schrifft ein Schatte wird genennet/
Wenn gleich Ihn noch so sehr Anfechtungs-Hitze brennet:
Wenn gleich auch wider Ihn der ärgste Feind sehr tobt/
Doch unter GOttes Schutz und Flügel Schatt'n Er
            lobt.
Die selige Matron/ so nunmehr ligt begraben
In kühler Erden-Krufft/ wird gleichen Namen haben/
Daß Sie kan (glaube mir) ein Schattemänninn seyn/
Weil Name und die Sach auch stimmen überein.
Denn ja! dieselb/ nunmehr aus dieser Welt vergangen/
Weil von des Todes Schatt'n ihr Leib auch war umfan-
            gen:
Die Seele aber ist gefahren auf zu GOtt/
Der Leib nun ruhet sanfft im Grab ohn alle Noth.
Und/ wie in dieser Welt Ihr Schatten hat bescheeret
Der Heyland JESUS Christ/ daß Sie nicht ward ver-
            sehret
Von der Anfechtungs-Hitz/ wird Er mit seiner Hut/
Als mit ein'm Schatten Sie bewahrn vor Höllen-
            Glut.
Ja! wie auf JEsum Christ Sie frölich that abscheiden/
So wird sein Schatten Sie befrey'n von allem Leyden:
Indessen rühmen wir und sagen zweifelsfrey
Daß selig ewiglich Frau Schattemänninn sey.

Zu schuldiger Ehre gegen die selig-
verstorbene Matron setzte dieses

Johannes Michael Engelhart/
Scholæ Coll.

XII.

XII.
A. N.

1.

Je Wittwe / die in dieser Welt
　Auff GOtt ihr Hoffnung setzet /
Die Tag und Nacht am Beten hält /
　die wird einst nicht verletzet
Vom andern Todt und seiner Pein:
Bey Christo wird sie ewig seyn /
　Mit Himmels-Freud ergetzet.

2.

Weil Sie denn sich / O seel'ge Frau /
　Im fromm seyn so geübet /
Reisst Er sie aus dem Unglücks-Bau /
　Weil Er sie so sehr liebet!
Er nimmt Sie aus des Leydens Hitz /
Und gibt ihr einen solchen Sitz /
　Der kühlen Schatten giebet.

3.

Der / der vor Sie hat Blut geschwitzt /
　Und ihre Schuld gebüsset /
Hat auch ihr kaltes Grab erhitzt /
　Und ihren Todt versüsset:
Nun siehet Sie das GOttes Lamm /

Von ihrem Seelen=Bräutigamm
  Wird jetzt ihr Mund geküsset.

4.

Ihr Freunde / trauret nicht zu sehr /
  Daß Sie vor euch gestorben /
Ja! wünscht ihr Glück zu dieser Ehr /
  Weil Christus ihr erworben
Im Himmel eine solche Statt /
  Da ewig Sie zu bleiben hat /
  Ach! Sie ist nicht verdorben.

Aus schuldigem Danck und Ehre gegen die seelig-verstorbene Frau setzet dieses

Johann Jacob Eccardt.

XIII.
Auf
Krieg / Müh und Sonnen-Hitz /
erfolgter
Sieg / Ruh und Schatten-Sitz /
Frauen Annä Schattenmänninn.

Ein Leben war ein Krieg. Ich lage stets zu Felde /
Die Welt bestritte mich mit Lüsten / Gut und Gelde:

Die

Die Sonn stach ziemlich heis. Der Tod war für der
 Thür/
Der Satan wurffe mir viel Netz und Stricke für.
Die Hölle suchte mich geplagte zu verschlingen.
Rath/Seele/was zu thun/(sagt ich)bey solchen Dingen?
 Doch ich entschloß mich bald/und stunde Mauren-fest/
 Wie eine Männin thut/die sich nicht zwingen läst.
Wie da der Sonnen Blitz/ und Kampfes Glut gehitzet/
Daß Ich fast alle Krafft / und allen Safft verschwitzet/
Das weistu/Himmel/wohl. Doch schwungstu dein Pa-
 nier
Des Beystands über mich: Daß ich siegt für und für.
Ein Schademännin war ich da recht meinen Feinden/
Die durch ihr Macht und List zu fällen mich vermeynten/
Von Tapferkeit ließ Jch/als Männin/ nie nicht ab/
Biß mir der Krieg den Sieg / Müh / Ruh / Hitz
 Schatten gab.
Mein Heyland gab mir dieß / der Lebens-Baum den
 Schatten:
Weil keine Kühlungs-Lust in Büschen oder Matten
 Hier ist/ wo Creutzes-Glut mit Flamen um uns liegt/
 Hab ich mich zu dem Baum/an Schatten-Ort verfügt.
Nun kan ich in der Ruh der Sieges-Cron mich freuen/
Darf keine Müh/ noch Krieg/ noch einge Feinde scheuē:
   G ij   Denn

Denn diese Crone stößt die stoltzen Cronen ab/
Und bringt die Riesen selbst/die Muthigen/ ins Grab.
Der Schatten nur des Baums macht selbst den Teufel
    zittern/
Den Tod in Ohnmacht stehn / das finstre Reich erschüt-
    tern/
Der Sünden Mänge bald als leichten Schnee zergehn/
Die/ was sie ausgericht / an mir mit Schanden sehn.
O kühler Schatten-Sitz! die Sonne mag nun rennen
Biß an ihr Zenith nauf: mich wird kein Hitz nicht brennen:
Mein Schatte sieget nun: da ich kein Leid mehr weiß/
Nur Freude wird gespürt/ GOtt sag' ich ewig Preiß.
    Seine Fr. Gutthäterin entwurff
        solches zu letzten Ehren
            Joh. Valent. Popp.

XIV.

Es ist dis Leben gleich den Schatten/
    Der da nach abgewichnem Licht/
    Im Hui beginnet zu ermatten/
    Ja zu verschwinden vom Gesicht;
Da weiß man nicht von Schatten mehr
Dieweil der Ort vom Licht ist leer.

So ist es / sag ich / auch beschaffen
    Mit unsrer flücht'gen Lebens-Zeit.

Wird

Wird unſer Hertz vons Todes Waffen
  Berühret/ nur eines Haares breit/
  So iſt der gantze Menſch dahin/
  Da lieget Witz/ Verſtand und Sinn.

Auch iſt Er mit dem Trauer-Mantel
  Mehr angethan auf dieſer Welt/
Als daß Er ſiehet ſeinen Wandel
  Schön blühen/ als ein buntes Feld/
  Doch! wärs / daß Er ſolt' ſeine Tag
  Hinbringen ohne Müh und Klag;

So muß Er endlich doch noch reiſen
  Den Weg / den wandelt alle Welt/
Den Ihm der blaſſe Tod wird weiſen/
  Zum finſtern Grab und dunckeln Zelt;
  Da liegt die vor'ge ſchnöde Freud/
  Gleich als ein Staub vom Wind zerſtreut.

Allein! es bleibt bey dieſer Sage:
  Daß wir das ſiebenzigſte Jahr
Aufs höchſt (und doch mit Müh und Kläge)
  Das achzigſt kaum erleben gar/
  Denn wenn es gut geweſen iſt
  Iſts Müh geweſen jeder Friſt.

Wer wolte nun nicht gerne miſſen /
  Dis zeitlich ſchnöd und nichtig Haus?
Welchs gleichſam ſchwimmt in Creutzes-Flüſſen /
  Und ſtets vom bittern Unglücks-Braus /
  Bald da / bald dort geworffen wird /
  Bis daß es ſchmettert eine Syrt.

Dis Seelig Weib hat auch empfunden
  Hier / dieſe nichtge Lebens-Zeit;
Drum Sie ſtets wünſchte ſolche Stunden
  Durch die Sie bald zur Ewigkeit
  Möcht kommen zu dem Engel-Heer /
  GOtt mit zu geben Lob und Ehr.

Nun! Ihr Wunſch iſt erfüllet worden /
  Den Sie mit Seuffzen hat gethan /
Dieweil Sie nun zur Himmels-Pforten
  Getroffen hat die rechte Bahn.
  Wohl Ihr! nichts iſt Ihr dort bewuſt
  Als Centnerſüſſe Himmels-Luſt.

     Aus ſchuldiger Ehr ſetzte
       dieſes

      Johann Lorentz Stoll.

XV.

XV.

Quisque solum vertet, patrias & deseret
 ædes,
  Seriùs aut citiùs mors jubet ire vias.
Est etenim mutanda sedes: nos jussa JEHOVÆ,
 Nos procul hinc aliò Numen abire jubet.
Et linquit Schattmanna odiosæ tædia vitæ;
 Felix, nam constans in probitate fuit.
Felix qui mores hujus vitamque sequetur,
 In Christo claudens lumina lenta suo.
O anima illustris, nutantis libera mole
 Corporis, inque poli sede locata pia.
Angelicumq; inter cœtum amplexumq; Ma-
  riti,
 Assiduè TRINI conspicis ora DEI.
Vivo, inquit, felix, procul ite, facessite curæ
 Mordaces, luctus, cordaque quicquid edit.
Non perii, præii, non est quod flumine manent
 Lumina, ne, soboles, ne lachrymere diu.
Mortua non verè sum, vita est orta, recessi
 Haud, sed præcessi, Chara, vale, Soboles.

Grabschrifft.

Je GOtt getreu gewest/die Kinder und den Mañ/
Und all' den Nechsten liebt / die stets nach Tugend
 rann/ Die

Die such im Grabe nicht; Sie ist in GOttes Hand.
Schau zu/ und mach dich so der frommen Welt bekandt.

Imque adj.

Joh. Georg. Erckart/
Marcabr. Fr.

XVI.

Horrida jam cessat paulisper frigoris aura,
    Et lapsæ pereunt, Sole tepente, nives.
Prævia jucundi, En! veris sunt signa,
    quid ergo?
Tam prope ver omnis gaudet adesse novum.
Sed diuturna minùs nostræ sunt gaudia vitæ,
    Excipit hoc tempus frigida rursus hiems.
Tu meliùs longè, quàm nos admittere mente
    Gaudia jam tandem, Fœmina Casta, potes.
Nam quod speramus, jamdum sortita beatos
    Campos nempe, tenes. & sine fine tenes.
Te deformis hiems afflixit: longa senectus;
    Hinc TE ver hilarat: vita beata poli.

f.

Valentinus Voyt, à
Salzburg.

XVII.

XVII.

FraVV SChattenMännIn sItzt VnD rVht Itzt seeLIg Vnter GOTTES HVth.

Je bleibet/ wehrte Frau/ nun unter GOttes
 Schatten/
Allwo erwünschte Ruh/ vor Labsal vor die
 Matten/
Der Höchst schwingt über Sie die Flügel seiner Gnad/
Wormit Er auch allhier Sie stets beschirmet hat.
Und diß ist GOttes Brauch/ Er prüfet vor die Seinen
Mit Creutzes-Flam/ zuseh'n/ ob sies mit Ernst auch meinen
In ihrē Christenthum: Gleichwie der Goldschmied thut/
Als der das Gold bewährt durch Hülff der Feuers Glut.
Wer nun in seinem Creutz fein stand-und hertzhaft bleibet/
Und den kein Unglücks-Well von seinem Vorsatz treibet/
Dem will der HErr dereinst den rechten Gnaden-Lohn
Ertheilen/ welches ist die Himmlisch-Ehren-Cron.
Nun Sie dann auch allhier hat Ritterlich erstanden
All Ungemach/ so Ihr gestossen ist zu handen/
 Wird Sie dafür erquickt mit jener Himmels-Freud/
 So nie kein Ende nimmt/ und währt in Ewigkeit.

Lubens mœrensq; f.

Paulus Engelhard.

XVIII.

XVIII.

Steh Wanderer hie still!
Hie liegt das Tugend-Weib/ die Männin liegt
  zu gegen.
Doch was ich sagen will/
Den Schatten nur des Leibes hat man hier köñen legen.
  Ein Theil liegt in der Erd:
Der andre Theil/ die Seel/ ist in den Himmel kommen;
  Damit ein jeder werd'
Dahin gebracht/ wo er den Ursprung her genommen.
  Der du jetzt übergehst/
Auff dich wird dermahleinst man eben also gehen/
  Und auf der Aschen stehst/
Wirst leyden / daß man wird auf deiner Aschen stehen.

Mit dieser Leich-Schrifft wolte die
Seelige zu letzt beehren

Joh. Nic. Eckardt.

XIX.

HÆc MATRONA suum nomen qui-
  dem habeat ab Umbra,
Obscurâ ast umbrâ nil fuit illa minus:
Sicut enim soli sibi Sol non lucet, at almæ
  Dat lumen Lunæ, corporibusque aliis:
Sic

Sic quoq; non potuit fieri hic, radiante Maritô,
　Quin quoque splenduerit luce Marita Viri.
An tamen illa Viri plus splendeat atq; coruscet
　Luce, suâne magis addubitare queas.
Prætereo stirpem, virtutes atque Parentum,
　Majores, quales haud dubie extiterint:
Gloria jam nulla est, claros habuisse parentes,
　Ni studeam summè ut sim quoq; clarus ego.
Propria nobilitet quòd virtus, credidit hæcce
　Functa malis, igitur præstat & obsequium.
Virtutique suum genium non destinat uni,
　Nimirum fuerat larga, pudica, pia.
Prædicat illud idem mœrens & gratus alum-
　nus,
Urbsque pudicitiam tota silens loquitur.
Hanc coluisse pios arte, & pietate JEHOVAM,
　Divinus Mystes nullus it inficias.
Hinc egressa his est umbris, quas attulit Ipsi
　Nomen, Sole ipso clarior inde micat.
Nunc sanè corpus, quod versabatur in alma
　Nuper luce, umbris traditur & tenebris:
Spiritus ast lætans arcem conscendit Olympi,
　Exors Umbrarum laudat ovansque DEUM.

H 2　　　　　　　　Quem-

Quemque per ænigma ac umbras hoc vidit in
   orbe,
Nunc nudis oculis cernit in arce poli.
Siste cohors igitur fletum luctumq; supereſtes,
  Nam vice nunc Umbræ lumina blanda ca-
     pit.

Συμπάχων fund.

Wilhelm. Chriſtoph. Leipold.

XX.

O iſt nun ihr Wunſch erfüllet/
    Und geſtillet/
  Der Entblaſten Sehnungs=Wort/
 Auch iſt ihr das Weh genommen/
    Sie iſt kommen/
Hin von dieſem wüſten Ort.
Freude! ſtillt der Augen Quellen/
    Starcke Wellen/
Es iſt ihr hier wol geſchehn.
Dort in hoher Himmels=Straſſen/
    Wird Sie faſſen/
Was Sie längſt hat auserſehn.
Niemand ſoll GOtt widerſtehen/
    Wenn er gehen

                              Heiſſet

Heisset aus der Sterbligkeit/
Sondern man muß dessen Willen/
Nur erfüllen/
Hier in dieser Eitelkeit.
Niemand kan zu GOtt ankommen/
Wo benommen/
Ihm nicht ist/ was sterblich heist.
Es muß wieder Erde werden/
Was ist Erden/
Wenn die Seel von hinnen reist.
Es ist uns nur lange bange/
Wenn wir lange/
Leben in der Sterblichkeit/
Und wen solt in dieser Wüsten/
Doch gelüsten
Lang zu leben ohne Freud?
Laßt die Welt uns nur verachten/
Doch betrachten/
Dorten auch die Frölichkeit/
Die uns durch die Liebes-Glute/
Und das Blute/
Des hochheilgen Lamms bereit.

Dieses wenige schriebe aus schuldig-
Hertzlichen Mitleyden
Laurentius Johann Saltzmann.
XXI.

XXI.
Rede der S. Verstorbenen.

Elt gute Nacht
Mit deinem Pracht!
Hinweg mit deiner Lust! fahr hin mit deinen
Schätzen!
Ein beſſres ſuch ich jetzt / das mir mein GOtt bereit.
Wenn Orpheus ſelbſten ſpielt/ſolts mich doch nicht ergetzen:
Ich hör der Engel Stimm nun fort in Ewigkeit!
Aus Ach und Weh
Ich jetzund geh/
In das gelobte Land/ wo kein Aegypter wohnet/
Wo ſtets geſungen wird das dulci Jubilo!
Wo uns aus Gnad und Güt von Chriſto wird gelohnet/
Wo Trauren weichen muß / was immer klingt / ſeyd
froh!
Mein Marter-Zeit
Das Hertzenleyd
Hat jetzt / GOtt Lob! ein End: ich bin der Laſt entnommen/
Ich hab genug geſorgt/ gebetet und gethan/
Ich hab nun endlich auch mein's Lebens Ziel bekommen.
Es tret ein andres auf / damit ich ſchlaffen kan?
Mein Schatten iſt
HERR JEſus Chriſt/

Zum Mann hat Er sich mir durch seinen Tod verbunden/
Der Sonnen Last und Hitz war vormals etwas groß/
Nun hab ich Schatten gnug/ ein Mann hat sich gefun-
 den/
Der mich zu sich nimmt auf/und hägt in seinem Schoß.

Vive, vige, flore in cœlis, Matrona beata,
 Hac misera in vita nil, nisi triste, datur.
Fœlix, ô nimium fœlix! quæ denique fatô
 Finitô, cœli gaudia vera capis.

Dieses wenige setzte aus schuldigen
Mitleyden hinzu
Joh. Casp. Kleibert.

XXII.

Wen hör' ich also klagen/
 Wer rufft mir so kläglich zu?
 Solt sich auch wohl jemand wagen
 Mir zu stören meine Ruh?
Mir/ die ich von Kranckheit loß/
Ruh' in GOttes sanfften Schoß.
Ob das Silber meiner Tage
 Ihr gleich unter kühlen Sand
Seht verscharren/ O was Plage
 Ist von mir jtzt abgewand?

So/

So/ daß unter GOttes Schutz
Jedem Weh ich biete Trutz.
So auch drücken Unglücks-Hitzen/
  Und euch niemand rathen kan/
Krieg und Pest so auf euch blitzen/
  Hab't ihr GOtt/ den Wunder-Mann/
Der/wo Trübsal euch macht heiß/
Schatten auch zu geben weiß.
Drum so stillet eure Thränen/
  Stillet euren Zähren-Bach/
Scheid' ich gleich/ ihr dörfft nicht wähnen/
  Daß es mir sey Ungemach/
Denn/ was wolt ich wünschen mehr/
Als geniessen solcher Ehr.
O wohl drum/ wer nur verlachet/
  Welt/ und alles/ was sie freu't/
Der sich gar kein Hoffnung machet
  Auf derselben Nichtigkeit/
Der mit tapfferm Geiste spricht:
Welt Ade! ich acht' dein nicht.

        Aus schuldiger Danckbarkeit
          zu letzten Ehren gesetzt von
            Joh. Volp. Eber.

XXIII.
EPITAPHIUM.

Carpit in hac urna post fata novissima
   somnum
     Matrona, insigni quæ pietate fuit.
Plena Dei cultus huic omnis vita peracta est,
   Corque sacris rexit Spiritus ipse DEI.
Ore suo assiduas fecit de Numine laudes,
   Effudit puro pectore lingua preces.
Tollet in hoc ipso se corpore rursus ad auras,
   Partibus in cunctis æmula facta DEO.
Cumq; Illi in vita fuerit dux semper honestas,
   Est laus post mortem non moritura comes.

Debiti luctus contestandi
ergo s.
J. Casp. Völter.

XXIV.
1.

Un hat diesem schnöden Leben/
   Welches gleich dem Schnee und Eiß/
Auch Frau Schattemännin geben
   Gute Nacht/ dieweil sie weiß
Viel ein bessers/ drumm Sie spricht:
Auf der Erden bleib ich nicht.

2. Ich

2.
Ich bin lang genug gesessen
  In dem Schatten dieser Welt/
Hab mein Brod mit Kummer gessen/
  Drum dieweil es GOtt gefält/
  Will ich fliehen zu dem Liecht/
  In dem Schatten bleib ich nicht.

3.
Welt Ade mit deinen Schätzen/
  Ich verlache dich jetzund;
Denn wie soll sich der ergetzen/
  Welcher kein gesunde Stund?
  Den der Schmertz ohn Ablaß sticht/
  In dem Kummer bleib ich nicht.

4.
Drum die ihr noch lebt in Sorgen/
  Lieben Freunde/ trauret nicht/
Denckt vielleicht Heut oder Morgen
  Euch dergleichen auch geschicht;
  Ey so trachtet für und für/
  Wie Ihr seelig folget mir.

*Also stellte die seel. Abgelebte gleichsam aus
dem Sarg redend leydmütig für*

Valentin Daniel Wilhelm.

XXV.

XXV.
Ein Mensch ist als nichts.

ACh! was ist doch unser Leben?
Nichts / ein lauter Eitelkeit /
Niemand ist / der nicht ergeben
Aller dieser Sterbligkeit.

SChatten sind wir all zu nennen /
Creutz und Unglück auf uns rennen.
Heute sind wir wie Crystallen /
Aber Morgen Schatten gleich.
Tugend Jugend muß verfallen.
Todes-Trunck ist's Lebens-Neig.
Es hilfft nichts das Thrähnenfliessen /
Männiglich von hier wird müssen.
Aschen müst ihr wieder werden /
Es muß seyn / was GOtt gesagt.
Niemand lebt / der nicht wird Erden.
Nun so seyd doch unverzagt.
Ich als Nichts ein Frau von Schatten /
Neige mich zu meinm Ehgatten.

    Dieses wenige setzt Mitleydend
    Wolffg. Daniel Seyboth.

XXVI.

XXVI.
Trauer-Gedicht.

Rau Groß-Mutter was vor Noth hat euch
    von uns weggetrieben?
Hat denn euch der neidisch Tod also plötzlich
    aufgerieben?
Der ist wohl ein Schaden-Mann/ in dem er benimt den
    Schatten
Welcher Freude geben kan/ als wir stetig von euch hatten.
Ach! was sollen wir nun thun da wir euer müssen missen?
Seelig heissen wir euch ruh'n/ lassen (wie Gott will) genies-
    sen
Euch des Himmels süsse Ruh. Indeß rupfft die Schwester
    (a) Rößlein/
Und der Bruder (b) träget zu noch viel andre Blumen
    Schößlein/
Die zu Ehren zugericht euch als letzte Zier und Gaben/
Ich schreib noch hiebey aus Pflicht : Hier liegt meine
    Lieb begraben.

        Seiner seeligen Frau Groß-Mutter
        setzet dieses zu letzten Ehren mit
        heissen Zähren

                Johann Adam Kirch.

(a) Susanna Barbara. (b) Johann Heinrich.

        E N D E.